AF274941

LA HIJA DEL
MONSTRUO
Y OTROS CUENTOS PARA MAYORES
QUE AÚN SOBREVIVEN

MARA RICOY OLARIAGA

Serendipia

© 2024, Mara Ricoy Olariaga
© 2024, Serendipia Editorial

Una edición de:
Serendipia Editorial

Diseño y maquetación:
Las Ideas del Ático

Producción e impresión:
Las Ideas del Ático

ISBN:
978-84-19793-72-0

Depósito legal:
CR 743-2024

Impreso en la Unión Europea

Gracias por comprar una edición original de este libro y por respetar la legislación sobre derechos de autor/a y copyright. Respetando las leyes del copyright favoreces el desarrollo de la cultura, la creatividad, la divulgación del conocimiento y la diversidad en la creación artística.

Al no escanear, ni reproducir, ni distribuir partes de esta obra por ningún medio sin autorización, estás apoyando a las autoras y autores y posibilitando que, como editorial, podamos continuar publicando esta y otras historias.

Por favor, si deseas utilizar algún fragmento de esta obra, puedes hacerlo poniéndote en contacto con el Centro Español de Derechos Reprográficos (CEDRO)
https://www.cedro.org -

Índice

La hija del monstruo

Hay muchas historias de princesas y monstruos, pero esta es diferente. Así que presta atención a los detalles.

En un pequeño reino creció una princesa que si bien conocía las penas no conocía el mal. Su padre, el rey, era amigo de los mares y las estrellas, le enseñó música y a confiar en la bondad de la gente. Su padre y su madre se escribían a menudo cartas de amor que transportaban palomas mensajeras cada vez que el rey se ausentaba para ir a ver el mar.

Y es que su padre el rey no era un monstruo, pero un buen día el rey dejó de poder oír música y poco a poco se murió de pena. La reina pensó entonces que no podría vivir sin él y se lo acabó creyendo, olvidó todo lo que sabía hasta el punto en el que no supo ni siquiera quién era ella. Decidió entonces, en medio de su pena, que encerrar a la princesa en una torre era lo mejor ya que también había olvidado cómo ser madre.

La princesa que tenía entonces tan solo ocho años se sintió muy sola y triste en aquella torre en la que no pasaba nada ni nadie y donde recordaba con gran tristeza a su padre; su cariño, su bondad y su música y recordaba también por supuesto con amor a su madre la reina. Creció confiada y aunque triste siempre tuvo entre sus cabellos un rayo de sol que sus padres habían dejado atado en su pelo cuando nació para que nunca nunca perdiera la esperanza.

Finalmente, con la mayoría de edad le llegó la hora de abandonar la torre en la que su madre la había protegido hasta entonces, salió ese día de sol a comprar un helado porque estaba tan feliz de volver a pasear por la aldea que no podía esperar a disfrutar de aquellas cosas que no había tenido durante tanto tiempo. Disfrutó también de saludar a toda la gente que la trataba por supuesto como la princesa que siempre había sido y fue entonces cuando lo conoció a él. Era un hombre alto y guapo de cabellos rizados que decía venir de tierras lejanas. Siguió a la princesa por las calles de la aldea haciéndole promesas de todo tipo, le dijo que le haría reina y ella se rio inocente, pues ya casi lo era, pero no podía dejar de mirarlo no sabía por qué, ya que ella nunca había visto un monstruo antes.

Él siguió hablándole y le prometió entonces que bailarían y reirían juntos, que comerían perdices como en los cuentos de hadas. «¿Quieres la luna?», le dijo; «conmigo la tendrás», añadió.

Ella en realidad no quería la luna ni regalos, pero sentía algo extraño, como una especie de hechizo, y tuvo entonces, sin saber por qué, la necesidad de cuidar de él y fue así como accedió a casarse con el monstruo. Muchos le advirtieron que no lo hiciera, pero nadie le dijo que era un monstruo.

Al día siguiente de casarse la princesa empezó a sentirse extraña, se miró en el espejo y se vio gris, su voz sonaba más floja que de costumbre. No pudo saber por qué, pero cuando fue a despertar a su marido, el monstruo, él parecía un poco más grande. No conseguía entender qué era lo que pasaba y pensó que quizá algo del banquete nupcial le había sentado mal. Ese mismo día la princesa lo escuchó rugir por primera vez, fue un rugido breve, como si no hubiera pasado realmente; de hecho llegó a dudar de ella misma. Y a los pocos días volvió a escucharlo rugir. Pero como nunca había visto un monstruo no entendía lo que pasaba.

Pensó entonces que quizá ella había hecho algo mal que lo había enfadado: «¿Quizá puse demasiada sal en la comida? O a lo mejor digo muchas tonterías». Y se sintió triste y desconcertada.

El monstruo crecía un poco más cada día al tiempo que se comportaba de manera cada vez más extraña. Cuando salían por la calle siempre era muy simpático y afable, como el hombre que ella había conocido, pero en casa gritaba cada vez más, gruñía y nunca estaba contento. Ella se miraba al espejo y no entendía porque cada día parecía más gris ni por qué su cara empezaba desdibujarse; cuando se miraba de cerca podía ver que había perdido ya sus cejas y casi no se veía su nariz.

Cuando quiso preguntar al monstruo que qué le pasaba, apenas le salió un hilo de voz, y el monstruo siempre le replicaba que era porque todo lo hacía mal y la culpa de que él gruñese era suya. El monstruo, entre otras peculiaridades, decía además que la quería tanto que no podía soportar que la quisieran ni mucho menos que ella quisiera a nadie más, así que le cerró las puertas para prevenir que ella viera a nadie y así fue como la princesa dejó de ver a sus hermanos, a su madre la reina, a sus vecinas, y también dejó de cantar y de bailar y nunca supo que su madre al haber perdido la voz se había ido a vivir para siempre en la torre y por tanto la princesa era ahora reina en su propio reino.

Y es que la princesa ya casi no pensaba en nada más que no fuese en tratar de que el monstruo no gritase. Pensó entonces, en su desesperación, que quizá si el monstruo fuese padre cambiaría, y así fue como la princesa y el monstruo llegaron a tener dos hijos sin ningún cambio en su comportamiento. Pero un día, antes de que la princesa enmudeciese por completo, mientras se peinaba, tocó accidentalmente el rayo de sol en su cabello y musitó para sí: «Quiero tener una hija, quiero escuchar su voz, ella me recordará la mía».

Y así fue como nació la hija del monstruo, y aunque el monstruo no cambió la princesa consiguió que la pequeña se sintiera confiada en sus primeros años de su vida, y la pequeña quería tanto a sus hermanos que se sintió casi feliz pese a vivir con un monstruo.

La hija del monstruo y sus hermanos sospechaban que en su casa pasaba algo raro, pero por ser hijos de monstruo tampoco tenían apenas voz y parecían sufrir del mismo hechizo que su madre; sus caras eran grises y no sabían jugar. En lugar de crecer como otros niños y niñas ellos parecían cada vez más pequeños. Sabían que por las noches su padre el monstruo les había empezado a volver grises como a su madre, y sabían que lo hacía mientras dormían y que por eso para ellos era difícil saber exactamente lo que pasaba, pero el monstruo se alejaba siempre guiñando un ojo desde el quicio de la puerta y ese era el último recuerdo que siempre les quedaba intacto porque era justo en ese preciso momento cuando ellos sentían que perdían un poco más de voz y podían ver desde sus camas cómo el monstruo se hacía un poco más grande.

Pasó el tiempo y la hija del monstruo miró su cara gris en el espejo y vio algo diferente, descubrió en sus ojos las mismas chispas que había visto en los ojos de su padre y fue ese día cuando pensó: «Yo soy un monstruo». La hija del monstruo decidió entonces alejarse tanto como pudiera y se fue a un lejano país tratando de olvidar aquella pregunta que la asediaba a todas horas: «¿Soy de verdad un monstruo?».

La hija del monstruo conoció a un hombre que le recordó a su abuelo, del que su madre le había hablado en cartas. Quiso asegurarse de que él no era un monstruo y solamente cuando estuvo segura, se fueron a vivir juntos. Decidieron entonces que como se querían tanto podrían tener un bebé; aquel bebé representaba para la hija del monstruo el amor en sí mismo y de hecho pensó que quizá ese bebé la cambiaría, y así fue; le costaba creer que ella pudiera ser tan feliz, ella que no sabía lo que ser feliz significaba, y así fue como por primera vez se vio con la piel rosada y su voz no solo había recuperado su fuerza, ahora cantaba a todas horas.

Pero cuando faltaban pocos días para que naciera su bebé de pronto sintió miedo. «¿Y si de verdad soy un monstruo?», se preguntaba mientras acariciaba su barriga. La idea de hacer daño a su bebé la atormentaba. Se entrenó una y otra vez para no gritar nunca, por las noches se pinchaba con una aguja para asegurarse de que no perdería jamás la paciencia, ella no se convertiría en monstruo, estaba decidida: no sería un monstruo. Y sobre todo se prometió a sí misma que nunca nunca perdería de vista a su bebé, porque ella sí que sabía que los monstruos existían.

Un día, cuando su bebé tenía tan solo cuatro años, la hija del monstruo que era entonces muy feliz, tan feliz que casi había olvidado su infancia, tan feliz que no pensaba nunca en sus años grises ni su piel gris, tan feliz que no tenía chispas en los ojos, recibió una carta; era una carta en la que el monstruo, su padre, decía querer verla. En la carta no parecía un monstruo, parecía cambiado, quizá ahora el ser un monstruo abuelo lo había transformado también a él.

La hija del monstruo quiso compartir su felicidad y esperaba, como su madre le había enseñado, que su padre el monstruo pudiera gracias a ellas ser un hombre bueno. El padre que nunca tuvo quizá vendría por fin, y así fue como el monstruo se instaló para pasar unos días en su casa y les contó historias de sus viajes y aventuras pasadas y de esta manera sin saberlo la hija del monstruo cayó en el mismo hechizo que su madre el día que salió de la torre, y lo vio como un hombre simpático, carismático e interesante, e incluso pensó: «Claro, este es mi verdadero padre».

Un día, la hija del monstruo tuvo que salir a hacer unos recados y nevaba, y pensó en que no quería que su niño se enfriara. «No te preocupes, vete tranquila», dijo el monstruo leyendo el periódico. Y así fue como ella dejó a su querido hijo al cuidado del monstruo. Cuando cerró la puerta de casa dejando en ella al monstruo y a la criatura juntos, se subió a toda prisa a su bicicleta, y sin saber por qué y con una sensación extraña en sus entrañas que parecía querer decirle algo, pensó que quizás olvidaba algo, pero no conseguía saber el qué; se dijo a sí misma que su bebé estaba bien, que estaba con su abuelo. Pero lo que se le había olvidado por completo era que había dejado a su bebé con un monstruo.

Cuando volvió con una prisa que no entendía, todo le pareció normal, el monstruo se marchó y siguieron con su vida, pero al día siguiente ella empezó a notar que su querido hijo se ponía gris y que hablaba muy bajito, empezó a sentirse triste pensando que era irremediable que fuera así pues ella era un monstruo y por lo tanto su hijo se volvería gris; ella asumió a su niño gris con tristeza y cuando se ponía un poco más gris pensaba que era por culpa de los otros monstruos o por ella misma.

Su hijo creció siendo un niño de poca voz, pero que como su abuelo hablaba con los mares y las estrellas y que cuando cerraba sus ojos escuchaba música. Un día cuando ya era lo suficientemente mayor, la hija del monstruo le dijo: «Hijo mío, quizá si te alejas de mí recuperes tu voz y a lo mejor así podrás cantar y ser feliz». Él asintió e hizo sus maletas, cuando iba a despedirse le dio un abrazo, y de pronto su madre le pareció pequeña y vulnerable, le acarició el pelo y descubrió entre sus cabellos el rayo de sol que sus abuelos le habían puesto a su madre y su madre a ella y, al tocarlo, su hijo de pronto habló con fuerza; su madre le miró sorprendida al escuchar su voz.

El hijo la sujetó y le dijo: «Mamá, tengo que contarte algo que quizá te duela, pero te lo contaré para que podamos dejar de estar grises y mudos los dos. Tengo que decirte una verdad que nadie se ha atrevido a decir en voz alta, tu padre es un monstruo y fue él quien me dejó gris, callado y triste», y prosiguió: «No recuerdo cómo, pero lo descubrí el día que me dejaste a solas con él y lo sé porque cuando pienso en él me duele aquí dentro», dijo señalando su estómago, «y desde entonces me siento como si yo también fuese un monstruo».

La hija del monstruo recordó con horror entonces, catorce años demasiado tarde, que había dejado a su hijo del alma con un verdadero monstruo. Sintió un zarpazo en sus entrañas y empezó a gritar, primero con una voz ronca y desafinada y mientras lo hacía de su boca salieron sapos y culebras; siguió gritando y de pronto su pecho se abrió en dos como la tierra misma o un volcán y de él brotaron ríos de lágrimas nunca lloradas antes. Su hijo se asustó muchísimo, pero a medida que su madre gritaba él empezó a recuperar su color rosado y su propia voz y empezó a cantar sin querer. Se abrazaron y lloraron y de su garganta salieron palomas, gaviotas y la música de mil violines, y otros tantos poemas, sonidos de jilgueros y las risas de un millón de bebés. Y cantaron juntos y empezaron a reír, se secaron las lágrimas y respiraron tranquilos, la angustia en sus vientres había desaparecido, habían descubierto el sortilegio para deshacerse del monstruo que se alimentaba de secretos, su hijo los había liberado a los dos llamando por fin al monstruo por su nombre.

La hija del monstruo se cosió la herida que se le había abierto en el pecho y supo entonces que ella nunca había sido un monstruo. Fue a visitar a su madre, que ya había enmudecido por completo, y para su sorpresa la encontró cantando violines, poemas, gaviotas, jilgueros y risas de bebés con sus hermanos. Se abrazaron y dijeron bien alto: «El monstruo ya no es mi padre, es un monstruo».

Y es que no mucha gente sabe que a los monstruos hay que llamarles por su nombre para hacer que desaparezcan, y que el silencio y los secretos es lo que les hace más fuertes.

CUENTO PARA MAYORES QUE NO SUPIERON QUERERSE

La primera vez que se vieron fue en una estación de tren. Por aquel entonces los dos ya tenían forma de espejo, es decir, que para verse tuvieron que mirarse en el otro. Y fue así como se quedaron hipnotizados el uno y la otra. Hablaron noches enteras, pasearon con los zorros a la luz de la luna, y nunca se dijeron «hola» ni «adiós». No podían porque en realidad eran indivisibles, entre ellos no había un inicio ni un final, ni siquiera conseguían recordar cuándo habían empezado a necesitar tanto al otro. En realidad no importaban las mediciones, ellos simplemente eran.

La gente no sabe que en la extraña relación entre dos espejos no hay tiempo ni espacio, tampoco existe la ordinariez, ni los telediarios, ni el dolor de tripas, ni la palabra amor. Pero la espejo que había crecido con miedo a romperse en cualquier momento después de pasar por tantas manos que no habían sabido tratarla, se miraba en él, espejo, con absoluto pavor, ya que lo único que veía cada vez que lo hacía eran sus propios miedos, su fragilidad, sus ataques de ira y sus manchas.

Él, por su parte, no sabía muy bien cómo ser espejo en un mundo lleno de vidrieras abrillantadas; tampoco supo cómo verse en aquella espejo que temblaba todo el tiempo y gritaba sin venir a cuento. Pero aun así no podían dejar de mirarse y de vez en cuando se acercaban tanto que se repelían como los imanes.

Con los años lo único que consiguieron comprender es que se necesitaban para acordarse de cómo eran y por eso se buscaban de vez en cuando y se ponían siempre muy contentos cuando se encontraban de nuevo en alguna estación de tren. Eso sí, fue siempre una verdadera pena que entre tanto quererse no pudieran nunca llegar a ver al otro. De haberlo hecho quizá se hubiesen amado eternamente.

CUENTO PARA MAYORES QUE SE ASUSTAN CUANDO SE DAN CUENTA DE QUE LO SON

Ayer me sorprendí mirándome a mí misma por la ventana. Y me acordé entonces de los cientos o quizá miles de ancianos que a lo largo de mi vida había visto mirar así por la ventana. No sabía muy bien qué miraban, pero ese día en el que miré por la ventana buscándome en el mundo los encontré a todos ellos saludándome en la memoria, y por fin entendí que lo que hacían entonces al verme de niña en realidad era decirle adiós a mi infancia. Al comprender semejante verdad me cayó una única lágrima y con la luz del sol pude ver en ella y en su lentitud toboganes, carruseles, helados, alas de mariquitas, tebeos, castañas asadas y fuegos artificiales.

Miré de nuevo por la ventana y saludé entonces a una pequeña niña que lloraba porque se le había escapado un globo rojo.

CUENTO PARA MAYORES QUE HAN PERDIDO A ALGUIEN

Se sorprendió preguntándose en la ducha cuánto tiempo durará su champú ahora que ella no está. Decidió alterar el resultado de su pregunta usando aquel champú, como si quisiera acabar con su ausencia respondiendo a su ridículo experimento cuanto antes. Se lavó la cabeza con furor y pensó que no duraría mucho. Se ponía ella en el lugar de la muerta y pensaba en qué otros objetos cotidianos seguirían algún tipo de evolución una vez ella dejase de existir. Se ofendió a sí misma en sus contemplaciones al meditar sobre lo que duraría el plástico de la botella de champú comparado con lo que duraría el cuerpo de la fallecida bajo tierra. Se pensó muerta y como siempre que lo hacía sintió frío, y con superstición infantil tuvo miedo de que la muerta la oyera y se molestase. Al salir de la ducha no pudo sacudirse sus preguntas y todo lo que miraba la llevaba a las mismas reflexiones, se preguntaba mentalmente: «Por ejemplo, la receta que la difunta había dejado en tiza en la pizarra de la cocina... ¿cuánto tiempo tardaría en desaparecer sin intervención alguna? O el lápiz que ella usaba para los crucigramas y que vi el otro día en ese cajón, ¿cuántos años seguirá en esta casa, e incluso después de que se venda?, Seguramente acabará en alguna caja, y tú ya llevarás mucho tiempo muerta, y entonces ¿quién lo usará...?».

De pronto su hija de ocho años la interrumpió colándose en su campo visual, abriendo el cajón, sacando el lápiz de sus elucubraciones, para ella un lápiz cualquiera, buscando también un sacapuntas y dirigiéndose a la papelera.

Cuento para mayores que a veces se pierden a sí mismas

Un día como otro cualquiera, o en realidad no, se cepillaba los dientes con la mirada perdida en el espejo, salpicado de comentarios y miradas ajenas. En él leía: «Tienes el pelo fatal», «Has engordado un montón», «Menudas ojeras, a ver si vas a tener algo de riñón, sería normal con lo mal que comes y la cantidad de sal que le echas a la comida». Escupió su asco junto con el agua y la pasta de dientes, se secó mal los labios y al levantar la vista lo vio; era un agujero casualmente o no, del tamaño de una naranja. Lo fue a tocar y se espantó porque al hacerlo sus dedos parecían fundirse hasta casi desaparecer. Al sacar los dedos se dio cuenta de que el agujero había agrandado, y entonces quiso meter la cabeza; al hacerlo vio un cuarto de baño idéntico al suyo y en él se vio a sí misma, estaba allí lavándose los dientes, pero esa otra que era ella, al acabar de lavarse los dientes golpeaba con rabia el espejo.

Sacó la cabeza del agujero negro para volver a su realidad, pero no estaba, ahora era todo negro, se podía tocar las manos, las piernas y la cara y así sabía que estaba «allí», donde quiera que fuera, pero eso era todo, no había nada más a su alrededor, todo estaba en el oscuro más absoluto. Y entonces se dio cuenta de que daba igual su nombre, quién era o lo que hacía o pensaba, porque en el agujero negro su existencia era irrelevante. Y se dejó caer o eso pensó, le era difícil saber si se caía, dormía o se despertaba. Hasta que en algún momento, no podría decir si fueron minutos o años, escuchó un sonido muy leve, pero cuando se concentró se dio cuenta de que era música; era una canción que reconocía y que cantaba una mujer, siguió escuchando y pensó: «Quizá pueda invertir lo ocurrido, quizá si busco aquí un agujero... Tiene que haber un agujero, pero ¿cómo buscas un agujero en la más absoluta nada?». Cerró los ojos, o eso pensó, y se concentró en la música; parecía venir de un punto concreto, escuchó con intensidad hasta que la música ganó definición como si de un televisor antiguo se tratase y consiguió entender las palabras: «*Save me... Think I'm falling*». «*Aquí, aquí*», *se dijo entusiasmada, y tocó la nada con algo más de certeza, y* un agujero, casualmente o no, del tamaño de un plato se abrió lleno de luz, y pudo al fin ver su mano, metió sus dedos en él y una vez más al sacarlos el agujero se hizo lo suficientemente grande como para meter su cabeza, y esta vez se vio a ella cepillándose los dientes y cantando a Prince que cantaba a Joni Mitchell y se vio hermosa y feliz y se quiso abrazar y así de un salto se encontró por fin.

CUENTO PARA MAYORES QUE TIENEN MIEDO

Aquel año terrible para un mundo y el suyo, habían tenido que huir a otro país; se habían llevado todo lo que tenían: la mesa del salón, la lámpara que le regaló su amiga, los cuadros de los niños, los niños, varios traumas, mucha tristeza y alguna depresión.

Decidieron que meterían todo cuanto tenían en el garaje de la casa. La primera noche no supieron dormir en aquella cama, todo les era ajeno, las sombras eran nuevas, las almohadas incómodas de una manera distinta y el frío era otro. Escucharon llover de manera incesante toda la noche y empezaron a recordar todo lo que tenían en el garaje, imaginaron la humedad creciendo con cada gota que caía sobre el tejado encima de ellos, hablaron de comprar sacos de arena o contenedores de plástico, pero el sonido de las gotas cada vez era más rápido. Quisieron salir de la cama para comprobar si su miedo era necesario, pero no se atrevieron, pensaron que quizá la parte inferior de la casa también estaba inundada; siguieron escuchando inmóviles cada gota y gotera, apenas musitaban entre sí las mejoras o posibles soluciones que llevarían a cabo al día siguiente. «Tendremos que cambiar las puertas y elevar la entrada», susurró él. «No tenemos impermeables», dijo ella.

Las gotas ahora emitían un sonido que parecía más bien de clavos cayendo sobre una lámina de metal. Ellos imaginaron entonces sus más preciadas posesiones flotando: aquel libro de Jelinek, los dibujos de los niños, su depresión, las cartas que ella guardaba desde los dieciséis años, un antifaz y un anillo que seguía perdido. No se atrevieron a mover un dedo porque calcularon que el agua ya avanzaba hasta el segundo piso, y les sería imposible salir de allí. Él incidió entre susurros: «... y esto no es nada, imagínate cuando nieve, porque nevará, aquí nieva mucho». Ella cerró los ojos temblando, y empezó a sentirse mojada, y comenzó a sentir que levitaba, pero no lo hacía; el agua les había alcanzado y habían comenzado a flotar entre mantas y papeles, entre espejos y lámparas de noche. Se intentaron coger de la mano, pero les fue imposible. El agua cobró la fuerza de un océano y los propulsó por la casa, entre olas los arrastró escaleras abajo y mientras luchaban por sacar la cabeza para respirar, de un empujón el agua terminó por escupirles de la casa y se encontraron de pronto sentados en el jardín contemplando por fin su naufragio imaginado.

CUENTO PARA MAYORES
QUE NUNCA MINTIERON

Había una vez una pequeña ciudad de 2.999 personas y una mujer que nunca mentía. Los 2.999 no hablaban con la mujer que nunca mentía, ella vivía sola en una colina, ya que todo tipo de leyendas la habían llevado a ser temida y a vivir separada de los 2.999. Cuando un niño preguntaba señalando a su casa «¿quién vive ahí?», los padres le decían: «Ahí vive la mentirosa». Y si el niño en cuestión preguntaba algo más como por ejemplo: «¿Y por qué se llama "La mentirosa"?», siempre contestaban: «Porque es la verdad».

Cuento para mayores que sienten rabia

El mundo le había golpeado con la fuerza de varios mares, pero ella conseguía pese a todo, o quizá por eso, guardar su corazón en una mullida caja de plumas rodeada de zarzas que protegían varios muros de cemento y también unos montículos de estiércol hediondo.

Ese día el mundo quiso sacudirla una vez más y sintió que su corazón se agitaba como un pajarillo en aquel nido de plumas, y quiso quemar, matar y romper, apretó su mandíbula y encogió su ceño. Caminó con paso seguro buscando la pistola que guardaba desde que era niña. Abrió la pesada tapa del arcón, sopló el polvo que encontró y espantó alguna polilla, metió la mano bajo las mantas donde la había guardado hacía más de cuarenta años y no conseguía dar con ella, estiró la mano un poco más y finalmente tocó algo metálico, pero al tacto parecía más pequeño; al extraer el objeto vio que no era una pistola sino una estilográfica. Aún con el gesto apretado quiso usarla y disparar con ella insultos hirientes, quejas purulentas y verdades como templos, pero por más indignada que se sentía todo lo que la maldita pluma escribía eran canciones, cuentos sanadores, poemas y cartas de amor.

Estrujó el papel llena de odio, lo rompió con ganas, lo mordió como una perra y de tan enfadada que estaba se comió el papel; entonces un extraño calor empezó a crecerle en el vientre y le fue subiendo hasta sus pechos, se los tocó y los descubrió redondos y suaves, y comenzó a tocarse con ganas y a sentir el placer que esto le provocaba. Deslizó su mano entre sus piernas, bajo sus bragas húmedas, y sintió su propio calor y suavidad y se masturbó, y de entre sus manos nacieron estrellas y por sus orejas salieron flores y su pelo se deshizo en olas sobre la almohada, siguió buscándose en sus entrañas y descubrió que allí tampoco había ninguna pistola.

CUENTO PARA MAYORES QUE NO CONSIGUEN DESENAMORARSE

Llevaban cinco años sin verse y habían dejado de hablarse en repetidas ocasiones. Ella decidió invitarle a su casa porque pensó que ya eran lo suficientemente mayores como para poder ser amigos sin enredarse por los complicados vericuetos por donde siempre acababan perdiéndose, se sonrió con cierta paz pensando en que además los dos habían hecho sus vidas en la distancia y eran relativamente felices. Aquellos años de intensidad, malos entendidos y deseos inconclusos quedaban ya muy atrás.

Continuó esperándolo desde la ventana de su casa pensando en lo entrañable de su amistad, que aunque rara y no todo lo profunda que ella quería, se expandía a través de más de dos décadas.

Se sentía satisfecha reflexionando desde la madurez sobre lo bonito, relajado y reconfortante de aquella amistad e intentando silenciar el latido de su corazón que parecía acelerarse de pronto, diciéndose que quizá había tomado demasiado café. Y justo cuando estaba procurando no pensar en las mil mariposas atrapadas en sus entrañas que parecían haberse despertado de pronto, ni tener en cuenta el calor que sentía en sus mejillas, justo cuando pretendía ignorar a su alma bailando de alegría, justo entonces lo vio aparecer en la esquina atusándose el pelo y mirándose en el reflejo de un coche. Él la encontró accidentalmente con la vista y sonrió con cierta timidez, pero con una complicidad tan antigua como cálida. Y fue en ese preciso momento cuando ella supo que jamás podrían ser amigos.

Cuento para mayores que experimentan soledad

Mientras se duchaba pensaba en cómo pese a ser atea empezaba a verle sentido a las iglesias como espacios de encuentro para la comunidad, pero se enzarzó enseguida en una discusión consigo misma:

«¿Pero a costa de qué?, ¿de lavar el cerebro a la gente y someterla?», se espetó mentalmente a sí misma.

«Bueno, solamente digo que quizá la gente se sentía menos sola y de ahí surgían otras interacciones», se replicó, y luego sin hablar todavía, pero aún más silenciosa incluso para sí, como en susurro mental, se dijo: «Es que... yo me siento sola, la verdad». Se secó las piernas enfurruñada y aún intentando rebatirse a sí misma en el debate interno.

Siguió pensando en su soledad y en aquel artículo sobre Arendt, y no supo decir exactamente si era soledad por falta de entendimiento ajeno o porque sus peculiaridades la aislaban. Primero el ser extranjera, luego la cabeza rapada, después su feminismo, la educación de sus hijos, su manera de pensar dentro de su generación... Salió de la ducha, se vistió y alguien llamó a su puerta, con voz suave preguntó: «Disculpe ¿está lista?». Ella asintió con la cabeza, salió por el pasillo, bajó los tres peldaños y salió al escenario de la conferencia donde 25.000 personas le aplaudieron al verla aparecer. Ella, tras comprobar que el micrófono funcionaba, comenzó: «La soledad...».

CUENTO PARA MAYORES
QUE NO SABEN PERDONARSE

Aquella mañana comprendió que no podía seguir viviendo así y decidió irse a vivir a una isla remota, que si bien aparecía en los mapas, nadie que no viviese allí solía conocer.

Contó a su familia una buena sarta de mentiras que explicaron con lógica su partida: «El clima, la vegetación, aprender un idioma, mi interés por la zoología», dijo entre otras cosas. Y en el intercambio de mentiras que los adultos se cuentan, las suyas fueron aceptadas, alabadas y aplaudidas.

Se fue una mañana de mayo, y nadie estuvo presente para despedirlo. Tuvieron que retrasar el vuelo para que él pudiese subir, porque la única maleta que llevaba era inexplicablemente pesada. Pese a haberla puesto en la cinta y estar por debajo de tan solo un kilo y ser más bien pequeña se necesitaron cuatro operarios del aeropuerto para trasladarla finalmente a la bodega del avión. El vuelo se inició no solo con retraso sino también con dificultades, pero nadie pudo imaginar que tenía algo que ver con aquella maleta.

A mitad de vuelo el avión se encontró inmerso en una tormenta, y pese a la vasta experiencia del piloto, fue imposible remontar por lo que acabó precipitándose en el océano. Todos los tripulantes, que no eran muchos, perecieron, incluido, por supuesto, el dueño de la maleta.

Un año después del naufragio, la misteriosamente pesada maleta acabó yendo a parar a una playa turística donde a primera hora de la mañana tan solo un par de niños jugaba en sus orillas. Al encontrar la maleta y saberse sin supervisión adulta los críos decidieron abrirla; al hacerlo retrocedieron sorprendidos un par de pasos al ver que en ella se encontraba el cadáver de un pequeño conejo muerto a pedradas 60 años antes.

CUENTO PARA MAYORES QUE YA NO TIENEN GANAS DE NADA

El día de su nonagésimo octavo cumpleaños, abrió los ojos, se incorporó como siempre y casi por obligación de la cama que cada vez se le hacía más incómoda, metió cada pie en una zapatilla en ese ritual cotidiano e insulso imposible de alterar; intentó estirar su cuerpo curvado y dolorido esculpido en una extraña crucifixión de tiempo.

Todas sus personas queridas habían muerto hacía ya algún tiempo. Y cada día amanecía con el mismo pensamiento: «Aún estoy aquí. Con demasiado cansancio y edad para hacer nada pero demasiada salud para morirme», solía pensar.

Se levantó finalmente de la cama con gran esfuerzo y arrastró sus pies hacia la cocina, a veces pensaba que era la necesidad de tomarse aquel café italiano lo que le mantenía con vida.

Cuando empezaba a desmontar la cafetera entre temblores, sonó el teléfono, como un trueno en medio de la callada y sempiterna calma de la casa. Una voz se presentó y le dijo: «Soy Hannah Macdonald, le llamo desde G3D, un servicio de seguridad encargado de administrar los depósitos y cajas de seguridad de los titulares fallecidos. Hemos encontrado una caja que le pertenece. Por alguna extraña razón, lleva ochenta años girando por Europa debido a un error en su apellido, y solo ahora hemos conseguido dar con usted. Si me da su dirección se lo haremos llegar mañana mismo».

Al día siguiente se levantó algo más rápido, con la curiosidad por saber qué habría en aquel misterioso paquete. Esperó sentado en la mesa de la cocina con callada inquietud, inclinándose hacia la puerta cada vez que escuchaba un ruido. Finalmente, a eso de las diez y media, un repartidor con prisas le dio una caja plana y alargada, que le costó coger.

La dejó caer en el mueble de la entrada y quitó el plástico que la cubría. Un sobre pegado con una cinta adhesiva que ya no pegaba, decía: «De tu abuelo». En la caja un tren eléctrico nunca entregado en la navidad de sus nueve años, llegaba por fin a sus manos, invitándole a seguir jugando. A la mañana siguiente y todas las demás se levantó de un salto como si fuera Navidad y tuviera nueve años.

CUENTO PARA MUJERES, MADRES Y NIÑAS QUE TENDRÁN QUE SOBREVIVIRSE (3 COLORES)

Una niña de once años se preparaba para emprender un viaje a la cueva de Womanhood. Antes de partir, su abuela y su madre le entregaron una muñeca de madera; estaba pintada de rojo y no tenía formas, simplemente la cabeza era más pequeña que el resto del cuerpo. La madre sacó de su bolsillo una muñeca idéntica pero algo mayor y pintada de rosa, que milagrosamente se abrió en su mitad y, al tiempo que metía la pequeñita dentro, le dijo: «Yo te llevo siempre dentro de mí, yo soy tú y tú eres yo, no me olvides como yo no te olvido nunca». Diciendo esto la besó y abrazó con una sonrisa. Después, se le acercó su abuela, una mujer de cabellos largos y plateados que andaban medio ondulados peleando con el viento; la abuela traía en sus manos una muñeca aún más grande que la de la madre, esta era blanca y también se abrió en su mitad, en ella metió la rosa que ahora contenía la roja y dijo: «Hubo un tiempo en el que ambas vivisteis dentro de mí y ahora tú, mi niña, llévame siempre muy dentro; recuerda que en ti habita la posibilidad y el futuro. Recordando estos mensajes y conociendo tus tres colores llegarás a la cueva de Womanhood. Aquí tienes una maleta con flores y hierbas, no pesan y si sabes utilizarlas te curarán y te servirán de alimento». La niña, llena de alegría y sin prestar demasiada atención a los consejos de la abuela, dijo: «Yo quiero llevar mi colección de piedras de colores, son pesadas, pero me gusta contarlas, ordenarlas y llevarlas siempre conmigo».

Antes de que la madre y la abuela pudieran recordarle las diferencias entre las hierbas y que tuviera cuidado con los puentes y que no intentara llegar rápido y que quizá llevarse las piedras no era una gran idea y todas esas cosas, la niña ya andaba con una maleta en cada mano adentrándose en el bosque de fuego.

Era un sitio raro, todo eran árboles de un rojo muy intenso que casi cegaban al mirarlos, muy altos con formas extrañas que a veces cambiaban si uno parpadeaba. Y a medida que se iba adentrando en él, sentía que se olvidaba cada vez más de su abuela y de su madre, las palabras se desdibujaban en su cabeza como si las hubiese soñado. En un momento de preocupación utilizando una piedra caliza se intentó dibujar la sombra para que no se le olvidara quién era ella misma; cuando se dibujó repasó su silueta con sus dedos deteniéndose en cada forma y descubrió unos pechos más redondos y abultados de lo que los recordaba, y unas caderas más anchas que las que creyó tener. Se quedó dormida y al despertar una luz rosada lo invadía todo, los árboles parecían más normales y un camino con un cartel que decía «a la cueva de Womanhood» se abrió como por arte de magia ante sus pies.

La maleta de piedras de la que ya no recordaba ni tan siquiera por qué la llevaba a cuestas, le pesaba, pero se había acostumbrado a llevarla hasta tal punto que ya no notaba las heridas que le hacía en la mano, ni la pequeña cojera que había desarrollado al andar.

Buscó entre las hierbas alguna que la hiciera sentir mejor, pero enfadada por su falta de conocimiento para interpretarlas, las tiró todas. Siguió su camino hasta dar con un puente, al otro lado se veía en la distancia lo que ella creía que tenía que ser la cueva de Womanhood. Según avanzaba por el puente, empezó a llover, una gran tormenta trajo un aguacero espectacular, la niña advirtió que al puente le faltaban algunos adoquines y tuvo que hacer un gran esfuerzo para no tropezar o caerse, con la lluvia se le hacía muy difícil ver hacia dónde se dirigía y dónde pisaba... Había agujeros y en más de una ocasión perdió el equilibrio, y a medida que se iba acercando al destino este se parecía menos a lo que ella había vislumbrado desde la distancia. Los adoquines empezaron a aflojarse y parecía que todo el puente se caía; en ese momento vio entre la lluvia y el viento que ya casi lo había cruzado...

Estuvo a punto de caerse, pero seguía sin poder agarrarse por su maleta con la colección de piedras, en la que ahora además había metido a las tres muñecas. Cuando ya a punto de perder el equilibrio en el último trozo de puente se dio cuenta de que ya estaba en tierra firme, decidió estirar el brazo para coger una piedra del puente y la metió en su maleta. «Así, si vuelvo a encontrarme con un puente como este, no lo cruzaré», pensó.

Volvió a quedarse dormida, aún entre sueños recordó una tarde con su abuela aprendiendo a distinguir las hierbas que curan. Al despertar, un saltamontes se le posó en el pecho y sin siquiera pensarlo lo atrapó y se lo comió; perpleja por lo que había hecho, meditó que era algo que tenía una lógica inexplicable. Con urgencia pensó que debía encontrar la cueva de Womanhood cuanto antes, y miró a su alrededor y vio tres puentes rosados; decían llevar allí, unos más largos y angostos y otros más pequeños...

La niña que ya no lo era abrió su maleta de piedras y buscó la del puente en el que casi pierde la vida. Se acercó a cada uno de los puentes y examinó sus piedras; no eran exactamente iguales, pero eran muy parecidas. Miró, midió y remiró y se volvió a sentar. Solo pensaba: «¿Y si me caigo? ¿Y si alguno de estos puentes es aún más peligroso que aquel?». No era capaz de tomar una decisión cuando en medio de su tedio y frustración inconscientemente se encontró jugando con las muñecas que su abuela y su madre le habían regalado. Abrió la más grande y dentro encontró la mediana, abrió la mediana y se encontró a la roja... Durante toda la noche, como hipnotizada, rio, cantó y se meció como una niña abriendo y cerrando sus muñecas de madera. Comió flores, y cantó en lenguas que creía no conocer, bailó descalza con la luna y se pintó con su sangre, con la tierra rosada y la leche de sus senos. Se soltó el cabello que se había vuelto blanco, se rio sin dientes y cuando se sintió cansada se sentó y empezó a tallar una muñeca de madera blanca, ahora la tierra era arena suave y ella reía sentada en una playa de arena tan blanca como su pelo y la muñeca que tallaba. A lo lejos vio la sombra de dos mujeres que se acercaban, era su hija que le traía a su nieta para despedirse pues había cumplido once años y se iba de viaje a la cueva de Womanhood.

The Monster's Daughter and Other Tales for Grown-Ups Who Are Still Surviving

There are many stories of princesses and monsters, but this one is different, so pay attention to the details because there may be more to it than meets the eye.

Once upon a time, in a very small kingdom, there lived a princess who, although she knew of sadness knew nothing of evil. Her father, the King, was a good friend of the seas and the stars. He taught her music and always told her to trust in the good of people. Her mother and father were very much in love, and whenever they were apart they wrote letters to one another. When the King was away at sea, as he often was, these letters were carried between them by special messenger doves.

One day, however, the King found he could no longer listen to music and slowly began to die of sadness. When he died, the Queen did not think she could live without him, and she truly believed so. She started to forget everything she knew and eventually couldn't even remember who she was. In the midst of her grief, she decided it would be best to lock the Princess up in a tower, because the Queen had also forgotten how to be a mother and was scared she would forget her daughter too.

The Princess, who was only eight years old, felt very sad and lonely in the tower. Nothing ever happened there. All she did was sit thinking forlornly of her father who she loved so much. She remembered his kindness and his music, but she also missed her beloved mother the Queen too. The Princess grew up a trusting girl, and although she was now always sad, when she was born her parents had attached a ray of sunshine in her hair so that she would never lose hope.

Eventually when she was finally old enough to leave the tower, the Princess decided the first thing she wanted to do was buy an ice cream. She was so very happy to be free and roam outside in the fresh air and couldn't wait to enjoy all the things she hadn't done for so very long whilst stuck inside. She delighted in being free, saying hello to all the people she passed in the town who treated her like the princess she was. And that was when she met him. He was tall and handsome with curly, shiny hair and told her he had come from a land far away. He began to follow the Princess everywhere, through all the streets of the town, and as he did so he promised her all sorts of things.

The first thing he promised her was that he would make her a queen, at which the princess laughed, because she was almost one anyway. Nevertheless she couldn't stop looking at him, but then she'd never seen a monster before. He carried on talking and promising the world to her.

"We will dance and laugh and live happily ever after just like they do in the fairy tales", he said. "Do you want the moon?", he asked, smiling. "Marry me and you shall have it!", he added, laughing.

The Princess had no interest in the moon or presents. But still she was overcome by a strange feeling, almost like a spell, where she lost control completely. Not really knowing why, she felt an overpowering need to care for him and look after him, and in that moment she agreed to marry the Monster. Everyone warned her she shouldn't do it, but no one ever told her that he was a monster.

The day after the wedding the Princess started feeling odd. She looked at herself in the mirror and saw herself slightly grey, her voice weak. She couldn't understand why that was. When she went to wake the Monster up, he suddenly looked bigger. She was confused. She wondered if there had been something in the food at the wedding banquet that didn't agree with her. Later that day she heard the Monster roar for the first time. It was just a short, sharp roar, almost as if it hadn't really happened at all, so much so that she began to doubt if she'd even heard it. But a few days later she heard it again, only this time it was louder. Since she'd never seen a monster before she couldn't understand what was wrong with him.

She felt she might have done something wrong to upset him. "Maybe I put too much salt in the food?", she wondered. "Maybe I say too many stupid things?".

The Monster kept growing a little more each day, and his behavior became more and more erratic. When they were out in the street, he was funny, charming and loving, just like the man she had originally met, but at home he roared more and more, and nothing ever seemed to please him.

Meanwhile, each time the princess looked at herself in the mirror, she wondered why she was becoming increasingly grey and couldn't understand why her face seemed blurrier. Looking closely, it was difficult to see her nose and her eyebrows were almost completely gone, but when she tried to ask the Monster what was happening to her she could hardly speak. The Monster replied that everything she did was wrong and that she was to blame if he roared. He also told her that, because he loved her so much, he didn't want her to see anybody else. As a result the princess stopped seeing her family —her mother and her friends, too— and she soon stopped singing and dancing too. She wasn't even aware that her mother, who was now mute, had locked herself away, and therefore she was now no longer the Princess but the Queen of the kingdom.

But the princess did not know this, and she was too preoccupied to remember her mother, as she spent all her time trying to think of any way to please the Monster or simply stop him from roaring. In desperation she thought that perhaps if she gave him a son he would change his ways and revert to the charming man she'd originally met. And so it was that the Princess and the Monster had a son, and soon they had another. But it still didn't stop the Monster from roaring. The Princess spoke less and less, and one day, before she could become totally mute, she was combing her hair in front of the mirror and touched the ray of sunshine with the brush. She told herself, "I want to have a daughter. I want to listen to her voice, and maybe that way I will remember my own". Not long after, she gave birth to a little girl.

For the first few years the Princess managed to make the little girl feel happy and secure, despite having to live with the Monster. The daughter and her brothers knew something was strange in their house, however, but as children of the Monster, they seemed to be under the same spell as their mother. As time went on, their faces became more grey and their voices became weaker, and they were unsure how to play like other children and instead of growing up they seemed to get smaller and smaller each day. All they knew was that each night their father's spell made them become grey in the same way it did their mother. They didn't know how he did this as it seemed to happen while they were sleeping, but the Monster always stood at the door after leaving their room and winked at them looking for complicity from a distance. That was their only memory left of what happened and that was when they noticed that he became a bit bigger and their voices weaker.

Time went by and the daughter of the Monster looked at herself in the mirror one day and saw in her eyes the same sparks that she saw in her father's. It was then that she asked herself, "Am I a monster too?". She decided to go as far away as she could to try and forget this fear.

Eventually she met a man who reminded her of her grandfather, the one her mother used to write to her about in letters after losing her voice. She had to make sure that he wasn't a monster too, and only when she was totally sure of him did she allow herself to fall in love.

Eventually, they decided together to use all of the love they had between them and put it into creating a baby. She thought that all that love that she felt for this baby could perhaps change her, and it did. She couldn't believe how happy she was. She had never really known what true happiness meant until that moment. Her skin began to recover its color and her voice its strength. She sang and danced all the time. But when there were only a few days left until the baby arrived, she felt the old fear return and asked herself once again, "Am I a monster too?".

The idea of hurting her baby terrified her so much that she decided to train herself to never to roar at him by stabbing herself with a big needle to ensure that she'd never lose her temper in front of the child. This time she declared, "I am not a monster". But above all she promised herself that she would never let the baby out of her sight, because she knew that monsters did exist.

The years went by, and by the time her child was four years old the daughter of the Monster was very happy. She was so happy in fact that she had almost forgotten her childhood. She never thought of her grey years, as her skin was now completely pink again and she hadn't seen those terrifying sparks in her eyes in a long time either.

Then one day she received a letter from the Monster saying he wanted to see her and to meet his grandson. In the letter he didn't sound like a monster anymore. He sounded different. Perhaps her baby had changed him too, she thought. The daughter of the Monster wanted to share her happiness and hoped, the way her mother had taught her, that the Monster could be changed into a good man.

"Who knows?", she thought, "Maybe I'll finally have the father I always wished for". And so it was that the Monster arrived to spend some time with them. He told them many stories of his travels and adventures around the world, and the daughter of the monster fell under the same spell as her mother had done many years before. She saw him as a fun and charming man, even one that was capable of love. "Maybe I finally have my real father at last", she dared to hope.

One day the daughter had to go out to run some errands and, since it was snowing, didn't want her child to catch a cold. So she decided to leave her son in the care of her father, believing him to be a changed man. Even so, after closing the door of the house she leaped on her bicycle with distinct haste, not knowing exactly why, but with an uneasy feeling in her gut that she'd forgotten something important. As she pedaled quickly towards her errands, she was worried but told herself that all was well, as the child was with his grandfather. What she'd completely forgotten, however, was that the child was actually with a monster.

She rushed back anxiously, but on arrival everything seemed normal. The Monster eventually left and the daughter carried on with her life. But a few days later she began to notice that her beloved child had become a little grey in the face and his voice sounded a little weaker. She was devastated but thought it was inevitable that he would become like that because, as she'd always feared, maybe she was a monster too. As a result, she began to turn grey again herself and one day said to him, "My dear son, perhaps if you leave me you might recover your color and your voice and maybe that way you will be able to sing and be happy." Her son understood and nodded then packed his suitcase to leave.

As he was about to say goodbye to his mother, he hugged her and realized how small and fragile she had become. His mother cried and while he was holding her close and murmuring words of comfort, he touched the ray of sunshine in her hair. At once his old, strong voice began to return and while looking at his mother, who couldn't quite believe what she was hearing, said, "Mother, I need to tell you something, something that might hurt you. But I have to tell you to stop us both being this way, and what I have to tell you is a truth that no one has been brave enough to say out loud before now. It is this: that your father is a monster and it was he who made me grey and silent and sad. I cannot remember exactly how, but I discovered he was a monster the day you left me alone with him. I know this because when I think of him it hurts me in the stomach and I feel as if I am a monster too".

And then the daughter of the monster remembered that, yes, she had left her beloved son with a monster that day. She felt her heart tear and claws pierce her guts and she started to roar with a deep, grunting voice. And from out of her mouth came frogs and snakes and she screamed and roared until her chest split in two like the ruptured Earth and from it rivers of tears cascaded down onto the floor.

Her son was terrified, but as his mother kept screaming he noticed the color beginning to return to his cheeks and without even realizing it he started to sing. They hugged and cried and from their throats came doves and seagulls and the music of a thousand violins and many, many poems, and the singing of a thousand sparrows and the laughter of a million babies. They sang and danced together and dried their tears and began to breathe in relief as the anguish in their bellies finally began to disappear, because her son had discovered the spell to get rid of the Monster that fed on fear and secrets.

And the daughter of the monster sewed up the opening in her chest and when it healed over, she knew that she had never been a monster. She took it upon herself to visit her mother, who she was expecting to be completely mute still, but instead found her singing outside. She too made the sound of violins and doves and seagulls and poems and sparrows and the laughter of a million babies and they all hugged while shouting joyously, "The Monster is not our father; he is just a monster".

Because what people don't know is that to make a monster who preys on fear and secrets disappear, you simply have to call it by its name.

TALE FOR GROWN-UPS WHO DON'T KNOW HOW TO LOVE EACH OTHER

The first time they saw each other it was on a train station. Already they were both mirrors, so in order to see themselves they had to look into the other. And by doing so they became hypnotised, she and he. They talked the whole night through; they walked with the foxes by moonlight and they never said "hello" or "goodbye". They couldn't, because to tell the truth they were inseparable. Between them one couldn't find a beginning or an end; they couldn't even remember when they started needing the other so much. But to be honest measurements were not important; they just were.

People don't know that in the weird relationship between two mirrors there is no time, no space. Other things don't exist to them... vulgarity, the TV news, stomach aches nor the word "love".

But she, as a mirror, had grown up with the fear of being broken at any time. And after having passed through so many hands that didn't know how to treat her, she looked at herself in him with absolute terror, as all she could see any time she caught her reflection were her own fears, her fragility, her outbursts of rage and her flaws.

He, on the other hand, didn't know how to be a mirror in a world full of shiny glass. He didn't know how to look at himself in her, who shook most of the time and screamed for no apparent reason. But regardless of any of this, they couldn't stop looking at each other, and every now and then they would get so close that they repelled like the north poles of two magnets.

After many years, the only thing they managed to comprehend was that they each needed the other to remember who they were. And that is why occasionally they tried to meet, and they were delighted when they managed to see each other at a train station.

However, it was always a real shame that despite desiring each other so much, they weren't able to really see each other, for if they could have done so, they might have loved each other eternally.

TALE FOR GROWN-UPS WHO ARE FRIGHTENED WHEN THEY DISCOVER THAT THEY ARE GROWN-UPS

Yesterday I caught myself looking at myself through the window. And then remembered the hundreds or perhaps thousands of old people I have seen in my lifetime looking, just like me now, through their windows. I never understood what they were looking at, but that day that I looked from my window trying to find myself in the world, I found them all greeting me from my memories. I figured out that what they did seeing me as a child was to say goodbye to my childhood. When I discovered such a truth, one single tear dropped from my eye, and with the sunlight I could see – very slowly – slides, carousels, ice creams, lady bug wings, comics, roasted chestnuts and fireworks.

I looked at myself from the window again and waved to a little girl who was crying because she had lost a red balloon.

TALE FOR GROWN-UPS WHO HAVE LOST SOMEONE

She surprised herself in the shower questioning how long her shampoo would last now that she is gone? And she decided to alter the result of her question, as if she wanted to end the absence and find the answer to her ridiculous experiment as soon as possible. She washed her hair thoroughly and thought that the shampoo wouldn't last much longer. She put herself in the place of the deceased and thought of other everyday objects that would carry on existing beyond the end of her existence. She offended herself in her contemplations, meditating how long the actual plastic bottle from the shampoo compared to the body of the deceased underground. She pictured herself dead and as she always did when she thought about it, she felt cold, and with childish superstition felt worried about the possibility of the deceased hearing her questions and getting annoyed with her. When she came out of the shower, she couldn't shake the questions and everywhere she looked triggered similar concerns. "For example, the recipe the deceased wrote on the little blackboard in the kitchen... how long would it take for it to disappear with no intervention at all... or the pencil she used for crosswords and that I found in that drawer the other day... How many years will it stay in this house? And even if the house was sold, it would probably end up in a box somewhere, and you would have been dead a long time, and who would use it then?".

Her eight-year-old daughter interrupted her thoughts, invading her visual field, opening the drawer, getting the pencil – to her just a pencil – looking for a sharpener and then heading to the bin.

TALE FOR GROWN-UPS WHO GET LOST ON OCCASION

A day like any other day, or maybe not, she was brushing her teeth with her absent gaze staring at the mirror, covered with the looks and comments from others. On it she could read: "Your hair is a mess", "You have put on so much weight", "Look at those bags under your eyes. You might have some kidney issue, which would be normal since you eat so badly and you put so much salt into everything". She spat out her disgust together with the water and toothpaste. She dried her mouth badly, and when she lifted her eyes she saw it, a black hole, by chance or not, the size of an orange. When she tried to touch it, she shook with fear; her fingers seemed to melt until they disappeared. When she took her fingers out she realized that the hole was now bigger and she wanted to put her head in it. So she did. And it was then that she saw a bathroom identical to hers and she also saw herself. She was there brushing her teeth, but when she finished brushing her teeth, she started punching the mirror in anger. She took her head out of the hole to return to her reality, but it wasn't there. Everything was black. She could touch her hands, her legs and her face, so she knew she was "there" wherever there was, but that was all, nothing else around her, everything was pitch black. It was then she realized that her name was redundant, nothing mattered. Who she was, what she did, what she thought was irrelevant, because in the black hole her existence was irrelevant. So she let herself fall, or at least that is what she thought. It was difficult to tell if she was falling, or sleeping or awake. Until at one point, she couldn't say whether it was minutes or years later, she heard a very faint noise. When she concentrated, she could tell it was music. It was a song she could recognize; it was a woman singing. She kept listening and thought, "Maybe I can reverse what happened. Maybe if I can find a hole here… there must be a hole. But how do you look for a hole in the absolutely nothing?". She closed her eyes, or that's what she thought she did. She focused on the music, which seemed to come from a very precise point. She listened attentively until the music gradually gained definition, like an old television starting up. And she heard the words "Save me… I think I'm falling", "Here, here!", she told herself enthusiastically, and she touched the nothingness with a bit more certainty. And a hole, by chance or not, the size of a saucer opened up full of light, and she could finally see her hand. She put her fingers into it, and once more the hole became big enough for her head to fit through it, and this time she saw herself brushing her teeth and singing along to a Prince track of a Joni Mitchell song and she saw herself beautiful and happy and wanted to give herself a hug. And that way, all of the sudden, she finally found herself.

TALE FOR GROWN-UPS WHO FEAR

That terrible year for the world and her world, they had to run away and move to another country. They took with them everything they owned – the living room table, the lamp which was a gift from her friend, the kids' paintings, the kids, various traumas, a lot of sorrow and probably a depression or two. They decided that they would keep everything they had in the garage of the house. The first night they didn't know how to sleep in that bed; everything was foreign to them. The shadows were new, the pillows uncomfortable in a new way and the cold was a different one. They listened to the constant rain all night and they started thinking of all their possessions in the garage. They imagined the humidity growing with each drop that fell on the roof above their heads, and they muttered about how they should buy some sandbags or plastic containers, but the noise from the drops became quicker and quicker.

They wanted to get out of bed to see if their fear was justified, but they didn't dare. They thought that perhaps the ground floor of the house was also flooded, so they continued to listen, absolutely paralyzed, to every drop and every leak. They barely managed to whisper to one another about the possible improvements they would carry out the next day. "We will have to change the doors and raise the entrance", he said very, very quietly.

"We don't have raincoats" she said in a voice so hushed that it was difficult to distinguish whether she was talking or exhaling. The drops now fell on the gable roof, clattering like nails on a sheet of metal. They imagined their most precious possessions floating, that book by Jelinek, the kids drawings, his depression, the letters she had kept since she was sixteen, a mask an old lover had given her and even a lost ring. They couldn't move a finger because they calculated that the water surely was reaching upstairs, and it would be impossible to leave. And he quietly worried, "And this is nothing, imagine how it will be when it snows".

She closed her eyes shaking and started feeling wet, and then she began to feel as if she was levitating. But she wasn't. The water had reached them and they were now floating amongst papers and blankets, and mirrors and bedside lamps. They tried to hold each other's hands, but it was futile. The water suddenly with the strength of an ocean dragged them through the house in waves. And while they were struggling to keep their heads above the surface to breathe, a big push of water spat them out of the house and finally they found themselves seated in the garden contemplating their imagined shipwreck.

TALE FOR GROWN-UPS WHO NEVER LIED

Once there was a small city of 2,999 inhabitants and a woman who never lied. The 2,999 never talked to the woman who never lied. She lived alone on a hill, as all sorts of legends had made her feared and she had to live apart from the other 2,999. When a child, pointing to her house, asked, "Who lives there?". Their parents invariably replied, "That's where the woman who lies lives". And if the child in question would interrogate them further, asking "Why do you call her the woman who lies?". They invariably replied, "Because it is true".

TALE FOR GROWN-UPS WHO FEEL RAGE

The world had hit her with the strength of many seas, but despite or perhaps because of it, she had managed to keep her heart in a feather-cushioned box circled by thorns, protected various walls and also some mounds of stinking manure.

That day the world, life, shook her once again, and she felt that her heart trembled like a little bird in that feathered nest, and she wanted to burn, break and kill. She clenched her jaw and tightened her frown. With firm and confident steps went to look for the gun that she had kept since she was a little girl. She lifted the heavy lid of the chest, blew off the dust, and scared away a couple of months. She slipped her hand under the blankets where she had left the gun forty years earlier, but she couldn't really get it. She stretched a bit more and finally touched something metallic but it felt smaller, and when she took it out she realized that it wasn't a gun but a fountain pen. Still with her tight grumpy expression she wanted to use it and shoot painful insults from it, hateful complaints and glaring truths. But regardless of how indignant she felt, all that the bloody pen could write were songs, healing tales, poems and love letters. She scrunched up the paper full of hate; she ripped it apart with gusto; she tore at it with her teeth like a dog, and she was so angry that she ate the paper. Then a strange warmth started to grow through her belly and rose to her breasts. She touched them and found them soft and rounded and she started to touch herself willingly and to feel pleasure from it. She slipped her hand into her pants and pushed them down, and she felt her own wet warmth and softness and masturbated. And from her hands stars were born and through her ears flowers bloomed and her hair melted into waves on her pillow, and she continued to feel inside herself and discovered that there wasn't any gun there either.

TALE FOR GROWN-UPS WHO CAN'T MANAGE TO FALL OUT OF LOVE

They haven't seen each other in the last five years and they had stopped talking for a while on a couple of occasions. She decided to invite him to her house because she thought that both of them were old enough to not get tangled again in the complex and intricate emotions where they always got lost. She smiled in a peaceful way, thinking about how they both now had a life far from each other and lived quite happily. Those years of intensity, misunderstandings and unfulfilled desires were now far, far away. She continued to wait for him at her window thinking of how charming it was to have such friendship that, although weird at times and not as deep as she would like it, spanned over two decades.

She felt satisfied, reflecting from her place of maturity about the beautiful calm and comforting qualities of their relationship, and trying to silence her heart that seemed to suddenly beat faster, while she told herself that she might have drunk too much coffee. And, just when she was trying not to think of the thousand butterflies trapped in her womb that she felt awakening out of the blue, and to ignore the warmth in her cheeks, just at that precise moment when she was about to ignore her soul joyfully dancing, right then she saw him appearing from around the corner adjusting his hair and looking at himself in the reflection of a car window.

He accidentally met her gaze, and smiled timidly but with an intimacy between them both old and warm. And it was right in that second when she knew that they could never ever be friends.

TALE FOR GROWN-UPS WHO EXPERIENCE LONELINESS

While she showered, she thought about how, despite being an atheist, she had started to understand churches as communal spaces to meet up with your community, but she quickly got entangled in a discussion with herself. "Yeah, but at the expense of brainwashing people? Making them submit to a belief", she grumpily answered herself.

"Well, I am only saying that people felt less lonely before, and then other interactions flourished", she argued with herself, and then without talking but more silent, even to herself, like a mental whisper, "Well... the truth is, I feel alone". She dried her legs, annoyed, still trying to argue with herself and making a point in her internal debate.

She continued to think about her loneliness and that article about Arendt, and she couldn't decide if her solitude was from a lack of understanding from others or because her peculiarities had isolated her. First of all, she was a foreigner, then it was her shaved head, her feminism, the way she raised her kids, her views compared to those of her peers... She got out of the shower, got dressed, and heard someone knocking on her door, and with a soft voice asking, "Excuse me, madam, are you ready?".

She nodded and walked through the corridor, down three steps, and came out to the stage of the congress where 25,000 people clapped when she appeared. She checked the microphone, leaned towards it and said, "Loneliness...".

TALE FOR GROWN-UPS WHO CAN'T FORGIVE THEMSELVES

That morning he understood that he couldn't keep living that way and decided to move to a remote island that, although named on maps, only the people who lived there tended to know about.

He told his family a fair number of lies that logically explained his departure. "The weather, the fauna, the flora, learning a language, my interest in folklore", he said, amongst other things. And in the exchange of lies grown-ups tell each other, his were accepted, praised and applauded. He left on a morning in May, and no one was there to say bye to him. His flight was delayed because his only suitcase was inexplicably heavy. And despite weighing only a kilogram when put it on the belt and being rather small, four members of staff were needed to finally transfer it to the aircraft hold. The flight was not only delayed but also met with difficulties, although no one imagined that those had anything to do with that suitcase. Halfway through the flight, the plane was caught in a storm, and despite the vast experience of the pilot it was impossible for him to recover control and the plane plummeted into the ocean. All the people onboard died, including the owner of the suitcase. A year after the plane crash, the mysteriously heavy suitcase reached the shores of a tourist beach where, in the early hours of the morning, a couple of kids played alone. When they found the suitcase, and knowing that no grow-ups were near, they decided to open it. When they lifted the lid they took a step back, as they saw the dead body of a little rabbit stoned to death sixty years before.

TALE FOR GROWN UPS WHO NO LONGER FEEL LIKE DOING ANYTHING

On the day of his eighty-ninth birthday, he opened his eyes, sat up as always and almost out of obligation to the bed that was becoming more and more uncomfortable, he put each foot in a slipper in that daily and dull ritual that was impossible to alter. He tried to stretch his arched and aching body, sculpted in a strange crucifixion of time.

All the people he loved had died some time ago. And every day he woke up with the same thought: "I'm still here. Too tired and old to do anything but too healthy to die". He would think.

He finally got out of bed with great effort and dragged his feet towards the kitchen. Sometimes he thought that it was the need to drink his Italian coffee that kept him alive.

As he began to dismantle the coffee maker between tremors, the phone rang, like thunder in the middle of the quiet and eternal calm of the house.

A voice on the line said: "I'm Hannah Macdonald, I'm calling from G3D, a security service in charge of managing the accounts and safe deposits of deceased owners. We have found a box that belongs to you. For some strange reason, the box has been touring Europe for eighty years due to an error with your surname, and only now have we managed to find you. If you give me your address it will be delivered to you tomorrow".

The next day the eighty-nine year old got up a little faster, curious to know what was in that mysterious package. He waited sitting at the kitchen table with quiet concern, leaning toward the door every time he heard a noise.

Finally, around ten thirty, a delivery man in a hurry gave him a flat, long box, which he had a hard time picking up. He dropped it on the cabinet in the hall and removed the black plastic covering it. An envelope stuck with adhesive with no glue left on it said: "From your grandfather". In the box, an electric train that had never been delivered for Christmas when he was nine years old, finally arrived in his hands, inviting him to play again. The next morning and every other morning he jumped up as if it were Christmas and he was a child.

TALE FOR WOMEN, MOTHERS AND GIRLS WHO WILL HAVE TO SURVIVE THEMSELVES (3 COLOURS)

An eleven-year-old girl was preparing to embark on a trip to The Cave of Womanhood. Before leaving, her grandmother and mother gave her a wooden doll. It was painted red and had no shapes; the head was simply smaller than the rest of the body. The mother took out of her pocket an identical doll but a little larger and painted pink, which miraculously opened in half and, as she put the little one inside, she said: "I always carry you inside me, I am you and you are me, do not forget me as I will never forget you".

Saying this she kissed and hugged her with a smile. Then, her grandmother approached her, a woman with long, silver hair that was wavy as if in a fight with the wind. The grandmother was carrying in her hands a doll even bigger than the mother's. It was white and also opened in half, in it she put the pink one that now contained the red one and said: "There was a time when you both lived inside me and now you, my girl, always take me with you deep inside, remember that possibility and the future live within you. Remembering these messages and knowing your three colors you will reach The Cave of Womanhood. Here you have a suitcase with flowers and herbs, they are not heavy and if you know how to use them they will heal you and serve as nutrients". The girl, full of joy and without paying too much attention to her grandmother's advice, said: I want to carry my collection of colored stones, they are heavy, but I like to count them, organize them and always carry them with me.

Before her mother and grandmother could remind her about the differences between herbs and to be careful on bridges and to not try to get there quickly, and that maybe taking the rocks wasn't a great idea and all those things, the girl was already walking with a suitcase in each hand entering The Forest of Fire.

It was a strange place, it was all very intense with red trees that were almost blinding when you looked at them, very tall with weird shapes that sometimes changed if you blinked. And as she went deeper into it, she felt that she was forgetting more and more about her grandmother and her mother, their words blurred in her head as if she had dreamed of them. In a moment of concern, using a limestone, she tried to draw the shadow so that she would not forget who she was. When she drew it, she reviewed her silhouette with her fingers, stopping at each shape and discovered breasts that were rounder and more voluptuous than what she had expected, and wider hips than she thought she had. She fell asleep, and when she woke up a pink light invaded everything, the trees seemed more normal and a path with a sign that said "to The Cave of Womanhood" opened before her feet, as if by magic.

The stone suitcase, which she no longer even remembered why she was carrying it, weighed her down, but she had gotten used to carrying it to such an extent that she no longer noticed the wounds it caused in her hand, nor the slight limp she had developed when walking.

She searched among the herbs for something that would make her feel better, but angry at her lack of knowledge to interpret them, she threw them all away. She continued on her way until she came across a bridge, on the other side she could see in the distance what she believed had to be The Cave of Womanhood. As she walked across the bridge, it started to rain, a big storm brought a spectacular downpour. The girl noticed that the bridge was missing some paving stones and she had to make a great effort not to trip or fall. With the rain it was very difficult for her to see where she was going and where she was stepping... There were holes and on more than one occasion she lost her balance. As she got closer to the destination it looked less like what she had glimpsed from a distance. The cobblestones began to loosen and it seemed that the entire bridge was falling. At that moment she saw through the rain and the wind that she had almost crossed it... She was about to fall, but she still couldn't hold on to her suitcase with the collection of stones, in which she had now also put the three dolls.

When she was about to lose her balance on the last part of the bridge she realized that she was already on solid ground, and she decided to stretch out her arm to pick up a stone from the bridge and put it in her suitcase. "So, if I come across a bridge like this again, I won't cross it", she thought.

She fell asleep again, still in her dreams she remembered an afternoon with her grandmother learning to distinguish the herbs that heal. When she woke up a grasshopper landed on her chest and without even thinking about it, she caught it and ate it, perplexed by what she had done, she reflected that it was something that had an inexplicable logic.

She urgently thought that she should find The Cave of Womanhood as soon as possible, and she looked around her and saw three pink bridges said to lead there, some longer and narrower and others smaller... The girl who was no longer little opened her suitcase of stones and looked for the one from the bridge where she almost lost her life. She approached each one of them and examined their stones. They were not exactly the same, but they were very similar. She looked, she measured and looked up and sat down again. She was just thinking... "What if I fall? What if one of these bridges is even more dangerous than the last one?".

She was not able to make a decision and in the midst of her boredom and frustration she unconsciously found herself playing with the dolls that her grandmother and her mother had given her. She opened the largest one and inside it she found the medium one, she opened the medium one and found the red one... All night long as if hypnotized, she laughed, sang and swung like a little child opening and closing her wooden dolls. She ate flowers, and sang in languages that she thought she did not know, she danced barefoot with the moon and painted herself with her blood, with the pink earth and the milk of her breasts. She let down her hair that had turned white, she laughed toothless and when she felt tired she sat down and began to carve a white wooden doll, now the earth was soft sand and she was laughing, sitting on a sandy beach as white as her hair, carving her doll. In the distance she saw the shadow of two women approaching, it was her daughter who was bringing her granddaughter to say goodbye, because she had turned eleven, and was going on a trip to The Cave of Womanhood.